おじいちゃんやおばあちゃんが
生まれた「大正」や「昭和」が、
西暦でいうと何年のことか
この表ですぐにわかるよ！

「昭和」って、
ずいぶん長く

JN001226

西暦	元号
1973年	昭和48年
1974年	昭和49年
1975年	昭和50年
1976年	昭和51年
1977年	昭和52年
1978年	昭和53年
1979年	昭和54年
1980年	昭和55年
1981年	昭和56年
1982年	昭和57年
1983年	昭和58年
1984年	昭和59年
1985年	昭和60年
1986年	昭和61年
1987年	昭和62年
1988年	昭和63年
1989年	昭和64年（1月7日まで）
平成	
1989年	平成元年（1月8日から）
1990年	平成2年
1991年	平成3年
1992年	平成4年
1993年	平成5年
1994年	平成6年
1995年	平成7年
1996年	平成8年
1997年	平成9年
1998年	平成10年
1999年	平成11年
2000年	平成12年
2001年	平成13年
2002年	平成14年

西暦	元号
2003年	平成15年
2004年	平成16年
2005年	平成17年
2006年	平成18年
2007年	平成19年
2008年	平成20年
2009年	平成21年
2010年	平成22年
2011年	平成23年
2012年	平成24年
2013年	平成25年
2014年	平成26年
2015年	平成27年
2016年	平成28年
2017年	平成29年
2018年	平成30年
2019年	平成31年（4月30日まで）
令和	
2019年	令和元年（5月1日から）
2020年	令和2年
2021年	令和3年
2022年	令和4年
2023年	令和5年
2024年	令和6年
2025年	令和7年
2026年	令和8年
2027年	令和9年
2028年	令和10年
2029年	令和11年
2030年	令和12年
⋮	⋮

はじめに

　超高齢社会の日本は、子どもの数がへりつつあり、少子高齢化が世界でいちばん進んでいる国です。全人口は減少していますが、お年よりの数は今後もふえてゆき、2040年ごろまで増加が続きます。

　お年よりにもみなさんと同じ小学生だった時期があります。いまとは時代がちがうため、みなさんとはことなる経験をたくさんしています。勉強の内容も、遊びもちがいます。しかし、子どもであったことにちがいはありません。おたがいの気持ちは十分に理解しあえるはずです。

　このシリーズでは、小学生のみなさんがお年よりへの理解を深め、世代をこえてふれあうためにはどうすればいいのかを考えていきます。超高齢社会をともに生きていくためにはどのような課題があるのか、知恵をわかちあい、ささえあうにはどうしたらいいのかを調べたり、話しあったりするきっかけにしてください。

　さて、この第2巻では、昔の遊び、食やくらしの知恵、手仕事の技をお年よりから教わるとともに、みなさんが得意なことを生かしてお年よりとふれあうときのコツをしょうかいします。お年よりと交流を深めて、いっしょに楽しめることをみつけましょう。

大阪大学名誉教授／大阪府社会福祉事業団特別顧問

佐藤眞一

おじいちゃん、おばあちゃんを知ろう！ 2

遊びや知恵をわかちあおう！

監修 佐藤眞一
大阪大学名誉教授／大阪府社会福祉事業団特別顧問

小峰書店

もくじ

この巻_{かん}の登_{とう}場_{じょう}人_{じん}物_{ぶつ}

ゆい

小学4年生
遠_{とお}くに住_すむおばあちゃんに会_あいに行_いくのが楽_{たの}しみ。でも最_{さい}近_{きん}おばあちゃんの様_{よう}子_すがこれまでとちがうことがあって、気_きになっている。

はると

小学4年生
同_{おな}じ家_{いえ}に住_すんでいるおじいちゃん、おばあちゃんと夕_{ゆう}ごはんをいっしょに食_たべたり、テレビを見_みたりしながらよく話_{はな}す。

サトウ
先生

お年よりの研_{けん}究_{きゅう}者_{しゃ}
お年よりの気_き持_もちや行動にくわしい。お年よりについて多_{おお}くの人_しに知_しってもらうため、講_{こう}演_{えん}をしたり、本_{ほん}を書_かいたりしている。

全4巻 『おじいちゃん、おばあちゃんを知ろう!』

1巻　お年よりって どんな人たち?

「高齢者」といわれる人たちの多様性をさまざまな年代で紹介するとともに、共通してあらわれる体や心の変化をみていきます。

この本!

2巻　遊びや知恵を わかちあおう!

昔の遊び、食やくらしの知恵、手仕事の技をお年よりから教わるとともに、子どもが先生となれる交流やふれあうときのコツを紹介。

3巻　どうささえる? 認知症・介護

認知症について、よくある症状や当事者の気持ち、対応などをわかりやすく解説するほか、けがの予防策や介護の仕事などを紹介します。

4巻　超高齢社会って どんな社会?

超高齢社会とはどんな社会なのか、グラフやイラストを豊富に用いてわかりやすく解説。地域や災害時のささえあい、町の工夫も紹介。

どんな遊びをしていたの？

いまから約70年前！
昭和30年代にタイムスリップ！

いろいろな昔遊びをみてみよう！

ゲーム機やスマートフォンがない時代には、めんこやおはじき、こまなど、身近にあるものを使って工夫をしながら遊んでいました。おじいちゃんやおばあちゃんは、いろいろな遊びを知っている、遊びの達人なのです。

お手玉

おはじき
ガラスでできた、色とりどりの平たい玉を、指ではじいたり、積み上げたりして遊びます。

あやとり

けん玉

めんこ
めんこはボール紙でできたカードで、野球選手など、当時の人気者たちの絵がかかれていました。めんこ同士をぶつけあい、うら返すことができたら勝ちです。

こま回し

昔遊び

昔の子どもたちが工夫して遊びをつくり、人に教えることで、次の世代につたえてきた伝承遊び。こま回しなど、1200年以上も前から続くとされているものもあります。

だるまさんが転んだ

駄菓子屋
遊び道具やお菓子などを売っていました。

かんけり

ゴムとび

竹馬

べいごま
丸く平たい金属のこまに糸をまきつけて、「床」とよばれる台に投げ入れてぶつけあい、こまの強さをきそいます。

石けり
地面に線をかいて区切り、小石をけったり、投げ入れたりして遊びます。

ぼくは、けん玉をやってみたいな！

昔遊びの達人たちに教えてもらいに行こう！

7

どんな外遊びをしていたの？

けん玉名人の中西さんは、徳島県で子どもたちにいろいろな技を教えているよ。中西さんに子どものころの思い出やけん玉のことを聞いてみよう！

けん玉名人にインタビュー

中西浩二さん

1955年（昭和30年）、高知県生まれ。実家は、農業、林業、酪農などをいとなんでいて、子どものころは、よく手伝いをしました。とくに、田植えやかり取りの時期は、家族みんなで手分けして作業したのが、よい思い出です。

小学生といっしょにけん玉をする中西さん。「もしかめ」という技に挑戦しようとしているところです。

Q 夢中になっていたことは？

A 実家は自然ゆたかな山間部。川で魚つりをしたり、木の枝と実で簡単なわなをつくって、もずやつぐみなどの野鳥をつかまえたりしました。小学校4年生のときに、家にテレビが来たんです。それからは毎日、友だちが家に集まって、みんなでテレビを見ました。力道山というプロレスラーが活躍していて、おとなもワクワクしていました。

Q けん玉との出会いは？

A 町に遊びに行ったときに、おみやげ屋さんでけん玉をみつけて、買ってもらったのが出会いです。それからは、兄や友だちと、「できた！」「すごい！」とおたがいの技を見せあって、原っぱなどで夢中になって遊びました。家の手伝いがあったので、もっと遊びたいなと思いながら、けん玉をする時間はとても充実していました。

Q けん玉が上手になるコツは？

A 「あせらず、あわてず、あきらめず」が合言葉。最初はみんなうまくいかないものです。失敗してもすぐにあきらめないで、ねばり強くやってみてください。友だちとやり方を相談するなど、コミュニケーションをとりながらやってみましょう。くり返すことで、いろいろな技ができるようになります。けん玉がきっかけで、友だちと仲よくなることも楽しみのひとつですよ。

「こまのおっちゃん」のよび名で親しまれている藤田さんは日本独楽博物館の館長さん。幼稚園や小学校などで、こまを教えたり技をひろうしたりしているよ。

こま名人にインタビュー

藤田由仁さん

1943年（昭和18年）、兵庫県生まれ。実家は散髪屋さんでした。兄弟とよく遊びましたが、住みこみのお弟子さんがたくさんいたので、おとなにも遊んでもらった思い出があります。

全国を回り、こまを教える藤田さん。日本のこまは、平たい形で心棒（こまのまんなかのじく）が長いため、いろいろな技ができるそうです。

Q どんな遊びをしていたの？

A 友だちと空き地に集まって、体を動かす遊びをよくしていました。定番はおにごっこ。「ちゃんばら」もよくしました。当時、はやっていた映画をまねして、おもちゃの刀をもって、切ったり切られたりする遊びです。道具がなくても、工夫してみんなで遊んでいました。

Q こまをすきになったきっかけは？

A ふるさとは山が近く、そこでみつけたどんぐりにつまようじをさして、こまをつくって遊びました。これが「こまのおっちゃん」の原点です。小学校のころには、金属でできたべいごまや、木のこまでよく遊びました。おとなになって、熊本県のめずらしいこまを見たときに、魅力を再発見し、いろいろなこまを集めるようになったのです。

Q こまを回すときに大事なことは？

A 「やってみよう」という気持ちをもち続けることです。むずかしい技ができなくても、練習して、少しずつ「できた！」という経験を積み重ねると、自信がついて、挑戦することが楽しくなります。うまくできなかったら、「次はこうしてみよう」と、工夫をすることが大切です。これは、勉強や将来のことを考えるときにも、きっと役立つはず。失敗や成功が、自分の可能性をどんどん広げてくれますよ。

こんな遊びもあるよ！

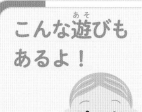

広場に集まってかくれんぼをしたり、木登りをしたり、みんなで遊んだよ。

「くぎさし」という、地面にさしたくぎに、上からくぎを投げてたおす遊びをしたよ。くぎに毛糸をまくとたおしやすくなるんだ。

聞いてみよう！ どんな室内遊びをしていたの？

野口さんは、日本の伝統的なあやとりだけでなく、世界のあやとりについても、とてもくわしいんだよ。

あやとり名人にインタビュー

野口ともさん

昭和初期、宮城県生まれ。5人きょうだいの次女。小学生のときに、太平洋戦争を体験しました。食べ物の少ない時代で、白いごはんの代わりに大根の葉などを入れた雑炊や、じゃがいもなどを食べていました。

ハワイにつたわるあやとり。19世紀にイギリスやアメリカの研究者が世界中をめぐり、たくさんのめずらしいあやとりを集めました。

 Q あやとりってどんな遊び？

A あやとりは、1本のひもを使って、いろいろな形をつくる遊びです。形を完成させるために、とても集中力がいります。手と手の間に形があらわれたときは、「できた！」と思わず声を上げてしまうくらいよろこびを感じます。でき上がったあやとりの形で実物を想像するのも楽しいです。日本だけでなく、世界中にあやとりはあります。パプアニューギニアには、6mのひもを使う「天の川」というあやとりもありますよ。

Q あやとりの思い出を教えて！

A 子どものころは、冬になると、母が新しいセーターをあむために古くなったセーターをほどいて毛糸にもどしていました。妹といっしょに、少しあまった毛糸をもらって、あやとりに使いました。でも、毛糸はふにゃふにゃしているのであやとりには向きません。学校でも、友だちとあやとりをして、できた形を見せあいました。

Q どうすれば上達する？

A 「ひとつずつ、丁寧に」を心がけて、ひもの取り方をおぼえましょう。一度おぼえてしまえば、いつでもどこでも、あやとりを楽しむことができます。どんどんむずかしい技にもチャレンジしてみましょう。日本のあやとりの技は、約200種類。海外には、なんと3000種類以上もの技があります！

小泉さんは、お手玉を使ったダンスを発表したり、障害のある人ももちやすいお手玉を広めたり、お手玉の魅力をつたえるために、いろいろな活動をしているよ！

お手玉名人にインタビュー

小泉珠子さん

1943年（昭和18年）、山形県生まれ。雪深い小さな村で、みんなで助けあって育ちました。昔から、だれとでも仲よくなれる気さくな性格で、こまっている人を見るとほうっておけないところはいまもかわっていません。

小泉さんが活動する会では、お手玉を使っていろいろな世代と交流しています。

Q どんなふうにお手玉をしていたの？

A 雪がたくさんふる地域で育ったので、冬の間は家のなかでよくお手玉をしました。近所の子たちと集まって円になり、歌を歌ったり、かけ声をかけたりしながら、お手玉を投げ上げて遊びます。お手玉をしていると一体感が生まれて、みんなと仲よくなれるのがうれしかったです。お手玉は、畑仕事の手伝いがない冬の楽しみのひとつでした。

Q お手玉のどんなところがすき？

A だれかが失敗しても、すぐにやりなおせて、その場が笑い声でつつまれていき、「みんなで楽しくなれる」というのが、お手玉の魅力です。最近は、ゴムひもをつけたお手玉もあります。手首にかけられるので、車いすの人も安心して遊べます。「みんな」という言葉は、子どものころからずっとわたしの心のなかにあります。村での思い出が、お手玉につまっているような気がします。

Q お気に入りのお手玉はある？

A 思い出深いものは、わたしが子どもを出産するときに、母からもらったお手玉です。母は、わたしが子どものころに着ていた服のはぎれで、10個のお手玉をつくってくれました。もらったときに、「ここからが新しい人生の始まりなんだ」と、気が引きしまったことを思い出します。

こんな遊びもあるよ！

「おままごと」は、とても楽しかったわ。友だちと家族になったつもりで、料理をしたり、食卓をかこんだりするの。

お絵かきもよくしたよ。ぼくは、船や飛行機の絵をかくのがすきだったね。

こんなこと
できるよ！

昔遊びにチャレンジ！

西之表市立上西小学校（鹿児島県）

昔の遊びで、お年よりと仲よくなろう！

上西小学校では、小学生とお年よりの交流を深めることをめざした学校行事、「高齢者とのふれあい活動」をおこなっています。この日は、老人クラブに入っている人たちや、児童の祖父母など、地域のお年よりが13人集まり、こまや羽根つき、おはじきなどをしていっしょにもり上がりました。

準備　プログラムをつくる

昔遊びの行事をおこなうにあたって、事前にいくつか準備をしておくとよいでしょう。上西小学校では、どんな行事をめざすか、学校全体で相談を重ねながら、プログラムの内容を考えています。プログラムは、1か月ほど前までに参加者のお年よりにわたせるように用意し、当日の流れをつかんでもらうようにします。

プログラム1　自己紹介からスタート

遊びの先生は、学校の近くに住むおじいちゃんやおばあちゃんです。まずは、自己紹介からスタート。みんな少し緊張していましたが、「すきな食べ物は……」など、自分のことを教えあって、会場は和やかな雰囲気になりました。

活動プログラム

❶ 自己紹介

❷ 昔遊び（約30分）
こま回し、羽根つき、おはじき、めんこ
※お手玉やあやとりをする回もある。

❸ ふり返り・お礼の言葉

準備したこと

● 「自己紹介」では、「住んでいる地域」「家族構成」「すきな食べ物」などを話してもらうことを、事前につたえました。

● 参加者が名前をよびあえるように、名札をつくりました。

● 1年生から6年生まで参加する行事なので、低学年の児童には、昔遊びのことを前もって学習してもらいました。

今日は
よろしくね！

プログラム 2 昔遊びを体験！

うまく教えられるか心配していたお年よりも、全力でチャレンジする子どもたちとすごすうちに、夢中になっていっしょに遊んでいました。

こま回し

すごーい！まだ回ってる！

ひものまき方、こまのもち方などをお年よりに習います。お手本をまねするうちに、どんどんコツをおぼえていきました。

羽根つき

ドキドキ！うまくつけるかな？

羽根つき遊びは、羽根から目がはなせません。羽子板は面が小さいですが、子どもたちも上手に羽根をつけていました。

おはじき

青のおはじきを取りたい！

目当てのおはじきにうまく当たるように、みんな集中して取り組みました。ルールがわかりやすく、たちまち熱中していました。

めんこ

おじいちゃん教えて！

カラフルなめんこは、見ているだけでもワクワクします。どうやったらひっくり返せるのか、みんなでためしながら遊びました。

プログラム 3 ふり返りをして次回に生かす

最後に、会のふり返りをします。お年よりからは、子どもたちのよろこぶ顔を見られ、まるで遊びの先生になったようでうれしいという意見がありました。上西小学校では、これからも地域のお年よりとのふれあい活動を続けていく予定です。今後は、行事のアイデアを出すところから、児童が考えていくことをめざしています。

考えてみよう！

お年よりとの交流会を開くなら、どんなことをしてみたいですか？ この本の、後ろの表紙の裏にあるワークシートを使って考えてみよう！

教えて！ 食べ物を大切にする知恵には、どんなものがある？

食べ物がいまよりも手に入りにくい
時代には、さまざまな工夫をしてきたよ。
昔から受けつがれてきた
知恵を学んで、体験してみよう！

知恵 1 身近な自然からもらう

　現在のように、輸送手段が発達するまでは、自分で野菜を育てたり、野山に入って山菜や木の実をとったり、川で魚をつったりして、食材を手に入れました※。季節や天候の影響を受けるため、いつでも豊富に食べ物をえられるわけではありません。かぎられた食材を、さまざまな知恵をしぼって、おいしく食べることを大切にしていました。

※山にはもち主があり、勝手に入ることができない場所もあります。

やってみよう！

身近な植物をとって料理してみよう！

　たんぽぽの葉は、昔からおひたしや和え物などに使われてきました。とくに、花をさかせる前の葉は苦味が少なく、軽く火を通すとおいしく食べられます。

【用意するもの】
たんぽぽの葉、かつおぶし、しょうゆ、重曹、水、なべ、ざる、包丁

【つくり方】
①たんぽぽの葉をよくあらって土を落とす。
②なべに水を入れ火にかける。ふっとうしたら、重曹を小さじ1と、たんぽぽの葉を入れる。
③2分ほどゆでたら、たんぽぽの葉をざるに上げる。しぼって水気を切り、4cmくらいに切り分ける。
④皿にもりつけ、かつおぶしをふりかけて完成。しょうゆをかけてもおいしい。

※たんぽぽの葉にアレルギーをもっている人は、食べてはいけません。家の人にかならず相談してから、取り組みましょう。

たんぽぽの葉のおひたし

重曹を小さじ1入れる。

たんぽぽの葉

かつおぶしをかけて完成！

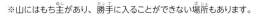

皮や切れはしも活用する

野菜の皮や切れはしをすててしまうのは、もったいないことです。昔から、いため物にしたり、煮こんでだしを取ったりして使ってきました。また、米のとぎ汁や、野菜のゆで汁などは、そうじや植物の肥料として再利用するなど、自然のめぐみをあますところなく使う工夫をしてきました。

❶ 葉や皮も食べる

野菜の葉や皮には栄養がたっぷりとふくまれています。たとえば、かぶの葉からは、根よりもたくさんの栄養をとることができるといわれています。

葉や皮を細かくきざみ、いためてふりかけにするとおいしい。

❷ とぎ汁やゆで汁を洗い物などに使う

米のとぎ汁や、大根や大豆、ごぼうなどのゆで汁は、食器や調理器具のつけおきに使うと、よごれが落ちやすくなります。ゆで汁は、温かいうちに使うとより効果があります。汁にふくまれる成分がよごれになじむためといわれています。

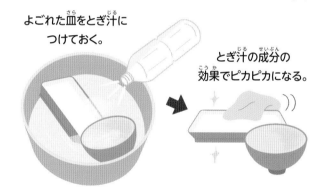

よごれた皿をとぎ汁につけておく。

とぎ汁の成分の効果でピカピカになる。

やってみよう!

生ごみを堆肥にしてみよう!

のこった野菜の皮や、しんなどを活用して、堆肥をつくってみましょう。堆肥とは、土の状態をよくする栄養分のことです。微生物が、生ごみを分解することによってできます。堆肥で土がよい状態になると、化学肥料を使わなくても、おいしい野菜や、植物を育てることができるようになります。

【用意するもの】
バケツ、新聞紙、スコップ、古いタオル、ゴムひも、黒土※1、米ぬか※2、生ごみ

【つくり方】
①バケツの底に新聞紙をしいておく。
②黒土に米ぬかをまぜたものをバケツに入れ、5〜10cmほど入れる。
③その上に小さくきざんだ生ごみをまぜた黒土を、②と同じくらい入れる。
④ ②〜③をくり返し、バケツがいっぱいになったら、古いタオルをかぶせゴムひもでしばる。1日おきにかきまぜ、約1か月で完成。

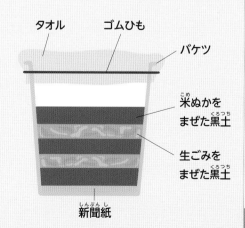

タオル
ゴムひも
バケツ
米ぬかをまぜた黒土
生ごみをまぜた黒土
新聞紙

※1 火山灰と、「腐植」とよばれる、動物や植物の死がいが分解されているとちゅうのものがまざりあった土。　※2 玄米を精米するときに出る、米の周りをおおう皮などの粉。

長い期間保存する工夫をする

人々のくらしと、食文化は深くかかわりあっています。昔の人は、地域の気候や風土に合わせて、食べ物をうまく保存していました。古くから親しまれている保存食から、地域の文化や、くらしの知恵を知ることができます。食べ物を長い期間保存するための工夫をみてみましょう。

食べ物にこまらないように、工夫して保存していたんだね。

魚介類も保存できるのかな？

❶ 干して乾燥させる

乾燥させた食べ物は、「乾物」とよばれます。食べ物の水分がなくなると、生で食べるよりも深いうまみを感じられます。昔の家庭では、家の軒下などに干して、太陽の光に当てて乾物をつくっていました。現在では、機械で効率よくかわかした商品を買うことが多くなりました。

地域の代表的な乾物
だし昆布（北海道）、かんぴょう（栃木県）、あじの干物（静岡県）、ゆば（京都府）、有明のり（佐賀県）、干ししいたけ（大分県）など

岐阜県飛騨市の豪雪地帯では、夜の外気温が氷点下になることもあります。現在も冬には、大根を1か月ほど天日干しにして保存しています。

やってみよう！

干しがきづくりにチャレンジ！

野菜やくだものにひと手間くわえるだけで、家庭でも簡単に保存食をつくることができます。秋においしいかきを使って、干しがきをつくってみましょう。観察記録をのこすと、次につくるときに役立ちます。

【用意するもの】
かき、ビニールひも、包丁、物干しざお

【つくり方】
❶包丁またはピーラーでかきの皮をむく。手を切らないように注意しよう。へたはひもをまきつけるので、のこしておく。
※皮をむいたあと、かきを5秒ほど熱湯につけておくとカビが生えにくい。

❷ビニールひもを1mくらいに切り、はしから順に、かきのへたにまきつけ、しっかりむすぶ。

❸できるだけ雨が当たらない、屋根のある日なたをえらび、物干しざおなどに、かきをまきつけたビニールひもをかけて干す。5日から1週間おきに実をもむと、あまさがます。2、3週間で完成。

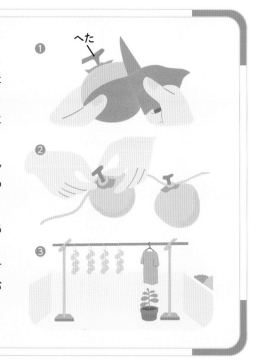

へた

❶
❷
❸

❷ 塩につけて水分を出す

　寒さがきびしい地方では、冬には畑が雪でおおわれるため、葉物の野菜が収穫できません。そのため、秋のうちに青菜を塩につけこみ、冬の間にも料理に使えるようにしていました。また、冷蔵庫のない時代、魚介類を長持ちさせるためにも、塩づけが役立っていました。

おばあちゃんのつくる
おかずの「煮菜」がおいしかったわ。
野沢菜などの地元の葉野菜を
塩づけにして、いろいろな野菜と
煮こむ料理よ。

保存食が秋の風物詩に

長野県の野沢温泉では、野沢菜を塩づけにする前に、温泉のお湯であらう「お菜あらい」という風習があります。秋の終わりごろに塩づけの準備をする様子がよく見られます。

地域の風土でうまみアップ！

新潟県村上市では、軒下に塩をすりこんださけをつるして熟成させる伝統があります。この地域特有の気候や、湿度をふくんだ風がふきやすい地形から生まれた保存食です。

❸ ぬかにつける

　昔の多くの家庭には、「ぬかどこ」がありました。ぬかどこは、米ぬか（玄米を精米したときに出る皮）などに水や塩をくわえたものです。人が手でかきまぜたり、野菜をつけたりすることで、ぬかの発酵が進み、風味がゆたかに変化していきます。

福井県の郷土料理「へしこ」。内臓を取り出した魚を塩づけにしてから、ぬかに1年ほどつけこみます。

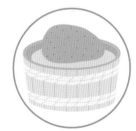

たるにぬかを入れ、しっかりとふたをして、上から重い石をのせます。直射日光が当たらない場所で保管します。

調べてみよう！

ほかにはどんな保存の方法があるでしょうか？　みんなの住んでいる地域の保存食について調べてみよう。

郷土料理にチャレンジ！

NPO法人 多摩源流こすげ（山梨県・小菅村）

小菅村ってどんなところ？

　小菅村は、山梨県の東側に位置する、周りを山にかこまれた人口600人ほどの村です。ゆたかな自然にめぐまれているため、春には山菜、秋にはきのこなど、山でとれる四季の食材が食卓にならびます。また、山間部の特徴である急な斜面を生かして、古くからこんにゃくいものさいばいがさかんにおこなわれてきました。特産品のこんにゃくを使った料理も親しまれています。

小菅村は、多摩川の源流部にあり、面積の約95%を森林がしめています。

小菅村の文化をつたえる取り組み

　NPO法人 多摩源流こすげでは、小菅村の食べ物やくらしの知恵をほかの地域に住む人たちにも知ってもらうために、村につたわる料理やくらしの工夫を学べるさまざまなイベントを開催しています。

そばづくり

しっかり
こねましょう！

小菅村のおばあちゃんと村でとれたそばの実を使ったそば打ちをしました。そばの実は寒暖差のある環境だとおいしく育つそうで、小菅村でもよくさいばいされています。

みそづくり

どんな味になるのかな？

農薬を使わずに育てた大豆を収穫して、みそづくりをします。この日は園児たちが、大豆を豆ひき機でつぶし、なめらかにする工程を体験しました。

いいかおりがしてきたね！

すりつぶした大豆に、こうじと塩をまぜ、手でこねて丸めます。団子にしたら、たるに入れて1年間ほどねかせ、発酵したら、みその完成です。

郷土料理をつくったよ！

「源流の食を学び、味わう」をテーマにしたイベントでは、子どもたちと村のおじいちゃん、おばあちゃんがいっしょに小菅村の郷土料理をつくりました。こんにゃくと「おばく」づくりを通して食文化を学び、作物をつくることのたいへんさを知ることができました。

小菅村の郷土料理「おばく」

斜面が多い山間部にある小菅村では、稲作ができないため、主食として麦を食べる習慣がありました。「おばく」は、麦・小豆・大根・じゃがいもを煮こんでつくる郷土料理です。

食文化 1 こんにゃくづくり

先のほうをもつといいよ！

村に住む「加工名人」のおじいちゃんと、こんにゃくづくりにチャレンジ！ まずは、ゆでたこんにゃくいもを、うすときねを使ってたたいてすりつぶします。

ゆっくりなべに入れよう

すりつぶしたこんにゃくいもを手のひらで丸めて、大きななべでゆでていきます。最初から最後まで、ずっと手作業です。

食文化 2 おばくづくり

底までしっかりかきまぜてね

大きななべで、具材を煮こみます。子どもたちは底がこげつかないように、丁寧にかきまぜていました。

小菅村定食のできあがり

みそ汁
じゃがいも
ねぎみそ
大根のつけ物
おばく

小菅村産の野菜を使ったつけ物や、みそなどをそえて、みんなでいただきました。

すべて手づくり！すごいなぁ。

調べてみよう！

みんなの住んでいる地域には、どんな郷土料理がありますか？ 材料やつくり方などを調べて、その料理が受けつがれてきた理由を考えてみよう。

くらしの知恵には どんなものがある？

子どものころには、こんな家に住んでいたよ。

軒

屋根の先の少し出ている部分のことです。この下のスペースは「軒下」とよばれ、洗濯物を干したり、かきをつるして干しがきなどをつくることもありました。

障子

風や強い日ざしをさえぎります。適度な日光を通すので、しめ切っても部屋の明るさをたもつことができます。また、目かくしの効果もあります。

縁側

部屋の外にある板張りのスペースで、庭に面しています。ここで手仕事をしたり、家族や近所の人とコミュニケーションをとったりしました。

昔ながらの家のつくりをみてみよう！

　1955年（昭和30年）ごろは、木造の家がとても多かった時代です。エアコンはまだ多くの家にはなかったので、夏の暑さや冬の寒さを乗り切るために、家のつくりに工夫がこらされていました。また、出入り口が多く、近所の人が家の庭先から気軽に入って来られるようになっていました。

自然の材料を
工夫して
使っているんだね。

ふすま

部屋の仕切りや出入り口として使われます。取り外して部屋を広間にすることもできます。

しっくいのかべ

石灰に砂やのりなどをまぜてぬりかためたかべ。湿気の吸収や断熱にすぐれています。

ちゃぶ台

丸い形をしたテーブルで、あしをたたむことができるものが多く、使わないときはかたづけて部屋を広く使えます。

たたみ

い草やわらでできた敷物で、部屋の温度や湿度を調節する機能があります。よごれが目立ったら、うら返して長く使えます。

かまどや井戸水を使っていた家もあったよ！

　水道やガスは1950年代に急速に広まりましたが、かまどや井戸水を使っている家もありました。

かまど　　井戸ポンプ

聞いてみよう！

　身近にいるお年よりに、子どものころにどんな家に住んでいたか、聞いてみよう。

くらしの知恵をみてみよう！

エアコンがいまほど家庭になかった時代には、どのような工夫をして暑さや寒さをしのいでいたのでしょうか。さまざまな知恵をみてみましょう。

打ち水には、雨水を使うことが多かったよ！

暑い夏を乗り切る知恵

打ち水

朝と夕方に庭先などに水をまき、温度を下げました。土ぼこりをおさえる目的もありました。

うちわ

竹に紙や布をはったもので、扇風機がない時代には夏の必需品でした。

風鈴

短冊が風にゆれると、音をかなでるので、すずしさを感じられます。

いまも生活に生かされている知恵があるね！

すだれ

軒下などにつるし、日ざしをさえぎります。外から室内を見えにくくする役割もあります。

よしず

日ざしの強い方角に立てかけ、日よけとして使います。風通しがよいので熱がこもりません。

冬の寒さを和らげる知恵

1950年代末ごろに やっと電気ごたつや 石油ストーブが出回る ようになったんだ。

置きごたつ

火入れ

火をおこした炭を「火入れ」に入れ、あたたまる道具です。おもに家族が集まる居間におかれました。

火ばち

はちに、火をつけた炭を入れて使います。灰をかけて温度を調節できます。

湯たんぽ（ブリキ製）

容器に熱湯を入れ、布でつつんで使います。形が波型でブリキ製なのは、熱をにがしにくい構造だからです。

たんぜん

なかに綿を入れた、たけの長い服です。湯上がりや、防寒用として身につけます。

はんてん

たけが腰くらいまでの上着です。なかに綿を入れたものは防寒用に使われます。

話してみよう！

昔の生活には、冷暖房機器にたよらない、いろいろな工夫がありました。いまの生活に取り入れられることがあるか、友だちと話してみよう。

くらしの変化と地球温暖化

日本の平均気温は上昇しており、1990年代からはとくに高温になる年が多くなっています。こうした気温の上昇のことを「地球温暖化」といい、世界全体でおきています。

電気製品のおかげで生活が便利になりましたが、電力をつくるために石油などをもやすと、地球温暖化のおもな原因であるとされる二酸化炭素が発生します。地球温暖化は、極端な高温や大雨などの異常気象など、人々の生活に大きな影響をあたえます。気温の上昇をおさえるために、昔からの知恵に学び、エネルギーの使い方を見直すことが大切です。

日本の平均気温の変化[1]

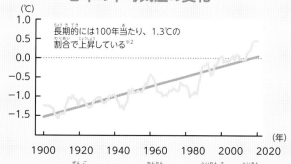

長期的には100年当たり、1.3℃の割合で上昇している[2]

：その年と前後2年をふくめた5年間について、平年差との平均をとった5年移動平均
：長期的な変化の傾向。基準値は1991〜2020年の30年平均値
[1] 日本の年平均気温の偏差の経年変化（1898〜2022年）
[2] 2022年時点

出典：気象庁資料をもとに作成

自然のなかでくらしてみる

こんなことできるよ！

育てる会 八坂美麻学園（長野県・大町市）

どうすれば体験できる？

　自然のなかでのくらしを体験できる「山村留学」という取り組みがあります。自然のゆたかな地域へ一時的にうつり住み、地元の学校に通いながら活動します。「育てる会 八坂美麻学園」は、山々にかこまれる長野県大町市の八坂美麻地区で小中学生を受け入れており、2022年には30人の子どもたちが農家やりょうで1年間の共同生活をしました。

よろしくお願いします！

八坂小学校（現在は八坂小中学校）は、全校生徒45人のうち、11人が山村留学生です（2022年時点）。地域のお年よりは、毎年留学生の子どもたちをむかえることを楽しみにしています。

農村のくらしを体験！

　山村留学で、子どもたちは、お年よりから子どものころの話を聞いたり、家事や仕事を手伝ったりして、農村の生活を体験しました。

道具の手入れ

自分たちで手入れをして、長い間大事に使っている道具を見せてもらいました。

これは何の道具？

これは木でつくったお弁当箱だよ

体験 1　農村のくらし

郷土のおやつづくり

底からしっかりまぜるよ

八坂美麻地域の伝統食の、灰焼きおやきをつくりました。灰焼きおやきは、小麦粉を練った皮で、地元でとれた食材をつつみ、いろりで皮の表面を焼いたあと、灰のなかでむしてつくります。

みんなで休憩タイム

とってもおいしい！

ついておいたもちに、味つけをして、おやつにいただきました。農作業の合間などに、みんなでおやつを楽しむ習慣を知ることができました。

農業

> 今日はどんな作業をするの?

この地域では、いね、そば、りんご、小麦、大豆などのさいばいがさかんです。この日は、田んぼの手入れの様子を見せてもらいました。

林業

> たくさんの小枝があるね

林業にたずさわる人からは、切った木の小枝や葉を取りのぞき、丸太にする方法を教えてもらいました。

炭焼き

> ここが炭焼き小屋だね!

里山の環境整備のため、定期的に間伐※1をおこなっており、とった木は炭にして、地域で活用しています。

きのことり

> 全部食べられるの!?

「きのことり名人」に、収穫したきのこを見せてもらいました。はじめて見るたくさんの種類のきのこにびっくり!

狩猟

> 鹿の角って立派だなぁ

この地域では、古くから狩猟※2もおこなわれてきました。猟師さんに、どんな思いで狩りをしているのかなどを聞きました。

調べてみよう!

自然のなかでくらしている人は、ほかにどんな工夫をしているのでしょうか? 農村以外に、漁村のくらしについても調べてみよう。

※1 森林がこみあうのをさけるために、一部の木を切ること。　※2 わなやじゅうを使って野生の鳥や動物をつかまえること。

教えて！ 手仕事でどんなものをつくってきたの？

昔からつたわるものは、
機械を使わずに、人の手で
つくられているものばかりだよ。
どんな技がかくされているのかな？

自然の材料を活用する

プラスチックや金属などの素材が豊富になかった時代には、自然の材料によって、さまざまな道具がつくられました。素材のもち味を生かすために、加工のしかたが工夫されており、いまも人々に愛されている道具がたくさんあります。

竹は成長がとても早く、手に入りやすい素材なので、さまざまな用途に使われました。

木 曲物

やわらかく曲げやすいすぎや、つやがあり、よいかおりをもつひのきなどでつくられます。約900年前の平安時代にかかれた『鳥獣人物戯画』にも登場する、歴史の古い道具です。

つくり方

木をうすい板にして、お湯につけたり煮こんだりして、木のせんいをやわらかくして曲げ、形を整えます。さらに、山桜の皮などを使って、板のつぎ目をとじます。

どんなもの？

曲物の弁当箱は、地方によって「曲げわっぱ」ともよばれ親しまれています。曲物にはほかにも、せいろ、ひしゃく、ふるいなどがあります。

竹 竹かご

竹は、縦にさけやすく、軽くてしなやかなので、加工がしやすいことで知られます。竹かごは、用途や入れるものによって、あみ方をかえてつくられます。

つくり方

竹細工では、「竹ひご」という、竹を縦に細くさいてできる材料を使います。まずは底をあみ、次に側面、最後にふちの順番にあんでいきます。

どんなもの？

竹かごは大型のものでも軽いため、せおったり、腰に下げたりでき、屋外の仕事でもとても役立ちます。また、通気性がよいので、収穫した農作物などを入れて運ぶことにも向いています。

かごは、いまでもよく使っているよ。でも、自然の素材じゃないものもあるね。

調べてみよう！

自然の素材でできているものには、どんなものがありますか？つくり方も調べてみよう。身近なお年よりに聞いてもいいね。

わらは、いねや麦のくきを干したもの。

わら　しめ縄

しめ縄は、わらでつくったかざりです。古くから稲作がさかんだった日本では、大量のわらを利用して、いろいろなものがつくられてきました。

つくり方

きれいなわらをえらび、石や木づちでたたいたり、お湯をかけたりしてやわらかくし、たばねて縄にします。大きなしめ縄にするときは、大勢の人が力を合わせてあんでいきます。

どんなもの？

神社や家の神棚など、神聖な場所にかざります。しめ縄に縁起のよいかざりをつけた「しめかざり」は、年末から年の始めに玄関などにかざり、年神様をおむかえします。

紙　張り子

木や竹、ねん土でつくった型に和紙を重ねてつくられるもので、郷土玩具や民芸品として知られています。全国各地で、個性ゆたかな作品が生み出されてきました。

つくり方

木などで型をつくり、上から和紙をはりつけて厚みを出し、型をぬきます。下地をぬり、表面をなめらかにしたら、絵の具や染料で、細かな部分までひとつずつ手がきします。

どんなもの？

張り子の形や材料などは、地域の文化や歴史と深くかかわっています。また、縁起物として、家族の幸せや商売がうまくいくように、などの願いがこめられているものも多くあります。

家族の生活をささえた針仕事

1950年代ごろは、流行のデザインの洋服を、家庭用のミシンを使って自分でつくるのが一般的でした。また、おとなの古着をほどいて子どもの服を仕立てたり、穴があいたくつ下をつくろったりして、衣類を大切に長く身につけました。料理や洗濯などと同じように、針仕事も家族をささえる大事な仕事のひとつであり、楽しみでもあったのです。

1955年（昭和30年）ごろから、足ぶみミシンが家庭に広まりました。ペダルをふみ、手でハンドルを回して動かします。

聞いてみよう！ 職人さんはどんな思いで仕事をしているの？

高江さんは、竹細工歴40年の職人さん。地域の竹林でとった竹を加工して、いろいろな製品をつくっているよ。

竹細工名人にインタビュー

高江雅人さん

1955年（昭和30年）、愛知県生まれ。きょうだいは姉がひとりいます。都市部で育ったので、小さなころから自然のゆたかな場所での自給自足の生活にあこがれていました。

作品づくりは、材料をしっかりそろえることから始まります。

Q 竹に興味をもったきっかけは？

A 小学生のころから、自分の手を動かしてものをつくることがすきでした。竹がおもしろいなと思ったのは、竹を使っておもちゃの飛行機をつくったことがきっかけです。竹で骨組みをつくって、上から紙をはりつけて仕上げました。80㎝くらいのとても大きな作品で、2日ほどかけて完成したときの感動はわすれられません。

Q 竹細工の魅力はどんなところ？

A 竹をとってくるところから、細工を仕上げるところまで、すべて自分の手でできるところです。また、竹はしなやかな素材なので、理想の形の作品をつくれるところも魅力的です。つくる工程で、いちばんおもしろいのは、最初に竹をとるところだと思っています。竹は自然の材料なので、つやのよさや太さをしっかり見てえらびます。

Q 竹細工をするときに大事なことは？

A 長年竹細工を続けていますが、最初からうまくできたわけではありません。商品にならない失敗作もたくさんつくってきました。竹細工をつくってみると、最初はむずかしいと感じるでしょう。でも、とりあえず手を動かしてみてください。自分に足りないことがみえてくると思います。そうしたら、人にコツを習ったり、竹のことをもっと勉強したりして、上手なやり方をさがしてみましょう。

橋本さんは、家業をついで張り子職人になったよ。張り子は、木やねん土の型に紙をはりつけてつくる工芸品だよ。

張り子名人にインタビュー

橋本広司さん

1945年（昭和20年）、福島県生まれ。5人きょうだいの長男で、姉と妹がいます。先祖代々の張り子職人の家に生まれ、15さいから張り子の仕事を始めました。

橋本さんの子ども時代には、遊び道具が少なかったので、竹で鉄砲やスキー板などを自分でつくりました。また、自然がゆたかな場所で育ったので、野原でくわの実やいちごを食べたり、塩をもって外に出て、食べられる野草をさがしたりしてすごしたそうです。

Q なんで張り子職人になったの？

A ぼくは内気で、自分の気持ちを表すのが苦手な子でした。でも、ものをつくることは得意で、絵をかいたり、竹でおもちゃをつくったりすることが上手でした。張り子職人の家に生まれたので、自然と「将来は父のあとをつぐのだ」と思いながらくらしていました。長い時間をかけて、毎日同じことをする。単純ですが、規則正しく生活し、制作に向きあうことで、作品に命が宿ると感じています。

Q 子どもたちにどんなことをつたえたい？

A 小学校でも、張り子の色つけを教えています。子どもたちの発想はゆたかで、とてもおもしろいです。子どもたちには、見本など気にせずに、自分らしい作品にすることを大切にしてほしいです。また、身近にいる人、とくに家族とたくさん会話してほしいです。ぼくは、父から張り子のことを習って職人になりました。年代がちがっても、意見を言いあうことで、おたがいに気づきがあり、本当に大切なことがみつかるきっかけになると思っています。

Q 張り子の色つけのコツは？

A 最初に気になった部分から手をつけると、最後まで集中して仕上げることができます。心をひかれるところから、順番に色をつけていくと自分らしい作品になるのです。たとえば動物なら、ぼくは鼻からぬります。最後に目を入れることが多いです。

色の組みあわせがいいね。

小学校の色つけ体験教室では、干支の動物の張り子をつくります。まっ白の張り子に、自由に色をぬっていきます。

お祝いする
年はどう
よぶの？

どんな
ことわざが
あるの？

知って おきたい　お年よりにまつわる言葉

ことわざのなかのお年より

ことわざには、お年よりにまつわるものがたくさんあります。お年よりの尊敬できるところや
すぐれているところは、どのような言葉で表現されているのかみてみましょう。

亀の甲より年の功

　年長者は貴重な経験をたくさんしていることを、ほめ
たたえることわざです。亀にくらべて人の命は短いけれ
ど、年長者のゆたかな知識や技術は尊重すべきという
意味。「甲」は亀のこうらを、「功」は力をつくしてものご
とをなしとげた結果を表します。

使い方

おばあちゃん、料理の本を見なくても、手早くおいし
いお料理ができるなんてすごいね。さすが「亀の甲よ
り年の功」だな。

「長寿の祝い」のよび方と由来

　おじいちゃんやおばあちゃんが節目の年齢に
なったことを祝う風習を「長寿の祝い」といいま
す。生まれた年を1さいとし、毎年お正月（1月
1日）に1さい年をとる「数え年」で祝う場合と、
誕生日ごとに1さい年をとる「満年齢」で数える
場合があります。お祝いのよび方をみてみましょ
う。

＊「寿」は、祝いの言葉や、命の長いこと、めでたいことを表します。

還暦（かんれき） 60さい	数え年で61さいのこと。生まれたときの「干支」にもどり、「暦」が「還る」年という意味です。「干支」とは、昔の暦で、年と日を表したもので、60組あります。
古希（こき） 70さい	昔の中国の詩でうたわれている「人生七十古来希なり」に由来します。「70年生きる人は古くからきわめてまれである」という意味です。
喜寿（きじゅ） 77さい	「喜」をくずして書いた「㐂」という字が、「七十七」に見えることからいいます。

昔とったきねづか

過去に身につけた技などが、年月をへてもおとろえず、いまも能力を発揮できること。「きねづか」はもちをつく道具である「きね」の、手でつかむ部分のこと。昔よく手にとって、いまも上手にあつかえることから、腕前に自信のあることのたとえとして使います。

使い方

おばあちゃんは、あやとりのむずかしい技ができるんだよ。小学生のころにおぼえたんだって。「昔とったきねづか」だね！

年よりは家の宝

お年よりは、経験がゆたかなぶん、世間のことをよく知っているので、家族のなかでとても貴重な存在だという意味のことわざです。家族を苦労して育ててくれた恩人である、という意味もあります。

使い方

おじいちゃんはやさしくてもの知り。何でも教えてくれるんだ。まさに、「年よりは家の宝」だね。

傘寿（さんじゅ）
80さい

「傘」を簡単に略して書いた「仐」という字が、「八」と「十」を組みあわせた形をしていて、八十と読めることからいいます。

米寿（べいじゅ）
88さい

「米」の字が「八十八」に分けられることからいいます。

卒寿（そつじゅ）
90さい

「卒」の俗字※である「卆」が「九」と「十」に分けられることからいいます。
※正式な字ではないが、一般的に使われている字。

白寿（はくじゅ）
99さい

「百」の字から「一」をとると「白」となることからいいます。

お祝いのときには、感謝の気持ちをつたえたいな。

※地域によっては、祝う年齢がちがいます。

わたしたちが得意なことで遊ぼう！

ぼくたちのふだんの遊びを
おじいちゃんやおばあちゃんにも
楽しんでもらいたいな。
どうすればいいのかな？

わたしは、絵をかくのがすきです。
お絵かきの動画を見ながら、
まねしていろいろなものを
かいています。〇〇さんは、
絵をかくのはすきですか？

どんなことなら楽しめる？

まずはおたがいのすきなことや、やってみたいことを話してみましょう。自分のすきなことの話題から始めると、相手も話しやすくなり、会話が広がり、よいアイデアが出てくるでしょう。

絵は見るのもかくのもすきよ。
絵はがきに、お花の絵をかいて、
お友だちに出すのが趣味なの。
あなたは、どんなものを
かいているの？

流行について話してみよう

友だちとオンラインゲームで
遊ぶのがはやっています。
インターネットでつながって、
みんなで同時に遊べるんです。

「オンラインゲーム」や「推し活」など、自分の周りではやっていることについて、どんなところがおもしろいのか話してみましょう。

やっているところを見せよう

わたしの趣味はダンスです。
簡単でおもしろいダンスを
みつけたので、いっしょにやって
みませんか？

まずは自分がやっている様子やダンスの動画を見せてみましょう。実際の動きを見せることで、わかりやすくつたえられます。

ジャンプや回転の技がかっこいいよね！

こんなことできるよ！ スケートボードをいっしょにやってみよう！

スケートボードは若者のスポーツ？

東京2020オリンピック※では、スケートボードがはじめて正式競技にえらばれました。日本人選手の活躍は、スケートボードへの注目が集まるきっかけとなりました。スピード感あふれる技や、選手たちのファッションから、とくに若者の間で人気が高まっています。

しかし、スケートボードは若者だけのスポーツではありません。中村竜司さんは、50さいでスケートボードを始め、11年間、技をみがいてきました。いまの目標は「10年後も現役のスケーター」です。中村さんと小学生がスケートボードを楽しむ様子をみてみましょう。

世代をこえるスケートボードのおもしろさ

年ははなれているけれど、友だちだよ。

中村さんと、小学生のスケーター、オウくん。ふたりは、スケートボードをきっかけに出会った仲間です。この日は、いっしょにむずかしい技の練習をしました。

よし、行くぞ！

いい感じだよ！

今日はうまくできたよ！

ほかの小学生とも「うまくできた？」など、気さくにおしゃべり。スケートボードという共通の趣味が、小学生とのきずなを深めています。

オウくんが、「270ストール」にチャレンジ！　向きをかえるときに、270度回転する技です。中村さんが、オウくんのフォームをチェックして、かけ声をかけます。中村さんもオウくんに技を見せて、どうやったらもっと上達するのか、意見を出しあいます。

ぼくは、野球、柔道、サーフィンなど、興味がわいたことは何でもやってきました。これからも、子どもたちといっしょに楽しく体を動かして、新しいことにチャレンジしていきたいです！

中村竜司さん

考えてみよう！

おじいちゃん、おばあちゃんといっしょにやったら楽しそうなことはほかにどんなことがありますか？　アイデアを出してみよう。

※開催は2021年。

写真：鳥谷尾 彰、場所：BOOSTスケートボードパーク　33

スマホやタブレットでいっしょに楽しむには？

やってみよう！

お年よりのなかには、デジタル端末の操作を苦手に感じている人もいるよ。基本の操作や、便利な活用法を知ってもらおう！

基本の操作からスタート！

　まずは、お年よりといっしょにスマートフォン（スマホ）やタブレット端末の基本の操作をしてみましょう。「これがタップです」などと、用語を口に出しながら、動作を見せるとわかりやすいです。お年よりのペースに合わせて、ゆっくりと進めましょう。実際に検索をしたり、写真をとったりすることで、操作になれることができます。また、操作のしかたのポイントを書いたものをわたすと親切です。

操作のしかた

タップ
ちょんと画面に指で軽くふれます。

スクロール
指先で画面にふれ、上下左右にすべらせます。

ピンチアウト
親指と人さし指で画面にふれ、びよ〜んと外側に広げます。

ピンチイン
親指と人さし指で画面にふれ、ぎゅっと指先をくっつけます。

❶ 検索のコツを伝授

　検索するときのコツを、お年よりにつたえてみましょう。

「千葉県　特産品」など、検索するときに、知りたいことと、つながりのある言葉をいくつか入れるとみつけやすくなりますよ。

もしわからない画面が出てきてしまったら、一度ホームボタン※をおして、ホーム画面にもどってみてください。

※ホームボタンは、機種によってちがうので確認しましょう。

❷ 写真をとってみよう

ピントの合わせ方など、基本の設定を最初に確認してから、撮影を始めるとわかりやすくつたわります。

ピンチアウトすると、画面を拡大することができます。アップでとりたいものがあるときに使ってみてくださいね。

切りかえボタンをおして内側カメラにすると、「自撮り」をすることができるんです！記念にいっしょに写真をとってみませんか？

インターネットのおもしろさをつたえよう！

インターネットは、気になることを調べたり、趣味の動画を見たり、ゲームをしたりと、いろいろな楽しみ方があります。ふだんインターネットを使わないお年よりにも興味をもってもらえるように、楽しみ方をつたえましょう。

例1 行ってみたい場所の「いま」を見る！

たとえば、「ライブカメラ 富士山」といったキーワードで観光地などを検索すると、その場所の「いま」の様子をうつし出すライブ映像を見ることができます。行ってみたい場所を出しあって、いろいろな映像を見ていっしょに楽しみましょう。

わたしたちが先生役になれることがあるんだね！

例2 すきなときにラジオを聞く

インターネットラジオでは、いま放送している番組だけでなく、聞きのがした過去の放送も聞くことができます。音声に雑音がなく聞き取りやすいことも魅力です。

聞いてみよう！

身近なお年よりに、スマホやタブレットをどんなことに活用しているか聞いてみよう。こまっていることがあれば、解決方法をいっしょに考えよう。

オンラインで交流！

多摩市立大松台小学校(東京都)/美里町役場(熊本県)

インターネットでどんな活動ができるの？

インターネットを使えば、遠くはなれている人とも、会話をしたり遊んだりすることができます。いっしょにくらしていないおじいちゃん、おばあちゃんや、施設でくらしているお年よりとも、オンラインでつながれば交流できるのです。

また、感染症の流行により、直接会って話せないときでも、オンラインなら安心してコミュニケーションをとることができます。お年よりとオンラインでどんな活動ができるのか、みてみましょう。

活動 1 オンラインでお年よりに元気をとどけよう！

東京都多摩市立大松台小学校では、3年生の総合的な学習の時間で、地域の高齢者施設にくらすお年よりとオンライン交流をおこないました。小学生は40人ほどが参加し、みんなで歌やダンス、リズムなわとびをひろうしたり、学校で飼育しているかぶと虫の研究結果を発表したりしました。

オンラインでつながると、すぐに小学生から「わー！」と元気な声が上がりました。お年よりは、歌や発表を見たり、聞いたりして「すごいね」「がんばったね」などと声をかけていました。

小学校と高齢者施設でオンライン交流

小学校

子どもたちはビデオカメラの前で発表。その映像が高齢者施設のスクリーンにうつし出されます。小学校では、お年よりが楽しむ様子を大きなモニター画面でみんなで見ました。

上手に
とべたね！

高齢者施設

お年よりは、がんばる子どもたちの様子を真剣に見て、応援してくれました。

オンラインで
パズルゲームにチャレンジ！

熊本県美里町では、地域の70さい以上のお年よりが、週に1回「eスポーツ」を使った活動をしています。お年よりのなかには、ゲーム機にはじめてさわる人もいて、最初はとまどう様子もありました。しかし、回を重ねるごとに、参加者同士のコミュニケーションはどんどん活発になっていきました。活動のひとつとして、小学生とのオンラインゲームによる交流会が開かれ、世代間のつながりを強めるきっかけとなりました。交流会の様子をみてみましょう。

美里町eスポでいい里づくり事業
世代間交流大会

小学生の様子

よ〜し
負けないぞ！

小学生とお年よりは別々の場所でインターネットにつながり、パソコンの画面ごしに、パズルゲームで遊びました。子どもたちが、お年よりにゲームのやり方を教えながら進めていきます。

お年よりの様子

コントローラーはこう使うんだね。

大会のスタッフも、お年よりをサポートします。お年よりは、ゲームのルールやコントローラーの使い方を少しずつおぼえて、子どもたちとの対戦を楽しんでいました。

カラフルな画面が楽しい♪

ボタンには、緑色は「落とす」、黄色は「回転」、青色は「左」、赤色は「右」と大きな文字で書かれています。

コントローラーの操作がむずかしい人は、大きなボタンでプレイ。ボタンには、ゲームで使う動きが書かれています。少しの思いやりで、みんながゲームに参加できました。

インターネットを使えば、
お年よりとゲームを
楽しむこともできるんだね。
大きなボタンなら、
操作が簡単だから
お年よりも始めやすいね！

話してみよう！

インターネットを使って、お年よりとどんな活動ができるでしょうか？　友だちとアイデアを出しあってみよう。

お年よりと知恵や遊びを わかちあうには？

考えてみよう！

おじいちゃん、おばあちゃんってすごい人たちなんだね！

そうだね。どんなところがすごいのか、思い出してみよう！

いろいろなことを知っている

現在のように、生活のさまざまな場面で機械やコンピューターを使うようになるまでは、人々は自然をうまく生かしながら、自らの手でものをつくり、工夫をしてきました。食べ物を大切にする知恵や、気候に合わせたくらしなど、お年よりはゆたかな知識をもつ人たちなのです。

すごい技をもっている

昔遊びや手仕事には、時間をかけてやり方を考えたり、周りの人に教えてもらったりして長く続いてきた技がたくさんあります。おじいちゃんやおばあちゃんによって、そうした技がいまの時代に引きつがれているのです。

たくさんの経験を積んでいる

お年よりは、みんなよりずっと長く生きています。その分、たくさんのなやみを乗りこえてきました。みんながこまったとき、お年よりに話をしたら、きっと役立つことを教えてくれるはずです。

どうしよう……。

大丈夫よ。

もっとふれあって
仲よくなろう！

お年よりに、いろいろなことを聞いたり、自分のすきなことや得意なことを話したりしてみましょう。お年よりとふれあうことで、知恵や学びをわかちあうことができます。どんどん交流をしていっしょに楽しめることを発見しましょう。

年がはなれている人と話すときは、緊張するなぁ。どんなふうにせっすればいいの？

ふれあうときのコツ

おたがいに気持ちよくコミュニケーションをとるためのコツを知っておきましょう。

あいさつをしっかりする
まずは笑顔で明るくあいさつをしましょう。自分から声をかけることで、お年よりの緊張をほぐすことができます。

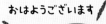
おはようございます

目を見る
話し始める前に、しっかり目線を合わせましょう。おたがいの表情を見ることで、話の内容や気持ちがつたわりやすくなります。

声は低めにして、話す速さを合わせる
年をとるにつれ高音が聞き取りづらくなります（→1巻28ページ）。そのため、低めの声で話すと、聞き取りやすくなります。また、話す速さを相手に合わせると、おたがいに心地よく会話ができます。

話をよく聞く
相手が話しているときには、言葉をさえぎらないようにしましょう。質問がある場合は、相手の話が終わってから、まとめてつたえます。

おじいちゃん、おばあちゃんと、もっと話したくなってきた！

3巻では、お年よりをどうささえていけばいいか考えていくよ！

さくいん

監　　修	佐藤眞一、町田忍 (P.20〜21)
装丁・本文デザイン	鳥住美和子 (chocolate.)
表紙イラスト・まんが	朝倉千夏
本文イラスト	石川えりこ、かまたいくよ
企画編集	頼本順子・山岸都芳 (小峰書店)
編集協力	杉田充子・滝沢奈美 (WILL)、 片倉まゆ、山口舞
Ｄ　Ｔ　Ｐ	滝田 梓・小林真美 (WILL)
校　　正	村井みちよ
写真提供	鳥谷尾 彰 (P.33)、PIXTA、 フォトライブラリー
取材協力・写真提供	中西浩二、藤田由仁、野口とも、 小泉珠子、西之表市立上西小学校、 NPO法人 多摩源流こすげ、 育てる会 八坂美麻学園、高江雅人、 橋本広司、中村竜司、 BOOSTスケートボードパーク、 多摩市立大松台小学校、美里町

おじいちゃん、おばあちゃんを知ろう！
❷遊びや知恵をわかちあおう！

2024年4月4日　第1刷発行

発　行　者	小峰広一郎
発　行　所	株式会社 小峰書店 〒162-0066　東京都新宿区市谷台町4-15 TEL 03-3357-3521 FAX 03-3357-1027 https://www.komineshoten.co.jp/
印刷・製本	図書印刷株式会社

© Komineshoten 2024 Printed in Japan
ISBN978-4-338-36502-4　NDC 367　40P 29×23cm

【監修】
佐藤眞一 （さとう しんいち）
大阪大学名誉教授／大阪府社会福祉事業団特別顧問
1956年東京生まれ。早稲田大学大学院文学研究科博士後期課程を終え、東京都老人総合研究所研究員、明治学院大学心理学部教授、ドイツ・マックスプランク人口学研究所上級客員研究員などを経て、2009年に大阪大学大学院人間科学研究科臨床死生学・老年行動学研究分野教授に就任。2022年に定年退職。博士 (医学)。専門は老年心理学、心理老年学。著書に『認知症の人の心の中はどうなっているのか?』(光文社新書)、『マンガ 認知症』(共著、ちくま新書)、『心理学で支える認知症の理論と臨床実践』(共編、誠信書房)、『老いのこころ』(共著、有斐閣アルマ)、『心理老年学と臨床死生学』(編著、ミネルヴァ書房)、『あなたのまわりの「高齢さん」の本』(主婦と生活社) など多数。

【参考資料】
『自然の材料と昔の道具 ③木でつくる』(さ・え・ら書房)
『昭和の子ども生活絵図鑑』(金の星社)
『ビジュアル版 昭和のくらしと道具図鑑：衣食住から年中行事まで』(河出書房新社)
『古い道具と昔のくらし事典』(金の星社)
『ポプラディア情報館 昔のくらし』(ポプラ社)
厚生労働省eJIM「タンポポ」
https://www.ejim.ncgg.go.jp/pro/overseas/c04/14.html
金沢くらしの博物館 学習資料「昔のくらし」
https://www.kanazawa-museum.jp/minzoku/teachers/data.html

お年よりとふれあおう！

昔遊び（6〜13ページ）や、
みんなが得意な遊び（32〜37ページ）も参考にして、
お年よりといっしょに楽しめることを考えてみよう。

[記入例]

ふれあい活動アイデア発見シート

4年 2組　名前 春村 さくら

どんな遊びをしてみたい？

① けん玉、こま回し、めんこ、べいごま、竹馬

② あやとり、お手玉、おはじき、ゴムとび

③ だるまさんが転んだ、かんけり、石けり

④ しょうぎ、いご

⑤ トランプ、ボードゲーム

考えるヒント！
お年よりは、どんな遊びをしていたか調べてみよう！（→6〜13ページ）

いっしょにできることを考えてみよう

① 運動会のダンスを教えてあげる。

② 音楽で習った曲をえんそうする。

③ 学芸会の歌や、はやっている歌をいっしょに歌う。

④ なぞなぞや、クイズを出し合う。

⑤ タブレットでいっしょに写真をとる。

考えるヒント！
みんながすきなことや、得意なことはどんなこと？

ふれあうときのコツを考えてみよう

① じこしょうかいで話すことを決めておく。

② 活動の前に、自分の好きなことを友だちや家族に話して、練習しておく。

③ あいさつをしっかりする。

④ 相手の話をよく聞く。

⑤ 相手の話す速度に合わせて話す。

考えるヒント！
「ふれあうときのコツ」（→39ページ）を読んでみよう！

※ワークシートはかならずコピーして使いましょう。